JN410700

눈이 눈을 볼 때

시산맥 서정시선 035

눈이 눈을 볼 때

시산맥 서정시선 035

초판 발행 | 2017년 9월 27일

지 은 이 | 임내영
펴 낸 이 | 문정영
펴 낸 곳 | 시산맥사
편집주간 | 김광기
편집위원 | 안차애 이성렬 전해수 정재분
등록번호 | 제300-2013-12호
등록일자 | 2009년 4월 15일
주　　소 | 110-350 서울특별시 종로구 율곡로 6길 36,
월드오피스텔 1102호
전　　화 | 02-764-8722, 010-8894-8722
전자우편 | poemmtss@hanmail.net
시산맥카페 | http://cafe.daum.net/poemmtss

ISBN 978-89-98133-94-8 03810

값 9,000원

* 이 시집은 부천시 문화예술기금 일부를 지원받아 제작되었습니다.

* 이 도서의 국립중앙도서관 출판시도서목록(CIP)은 서지정보유통지원시스템 홈페이지(http://seoji.nl.go.kr)와 국가자료공동목록시스템(http://www.nl.go.kr/kolisnet)에서 이용하실 수 있습니다.

눈이 눈을 볼 때

임내영 시집

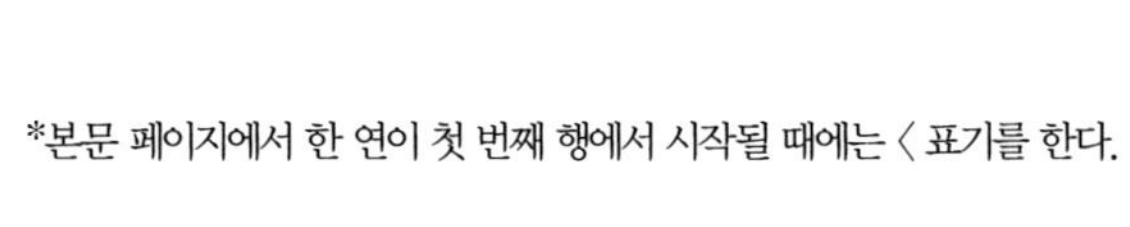

*본문 페이지에서 한 연이 첫 번째 행에서 시작될 때에는 〈 표기를 한다.

■ 시인의 말

이쯤에서는 자숙하며 자만하지 않고 농축된 시어를 3년씩 발효해야 할 것 같다.

그래도 시간이 허락된다면 계속 써야겠지만 안 된다고 해도 후회하거나 아쉬워하지 말아야 한다. 잠자리 꽁무니로 황금알을 차곡차곡 낳는 것처럼 고통을 감내하며 시를 낳아야 한다.

그동안 삼삼하게 응원해준 가족들, 삼십 년 만에 결혼하여 새 둥지를 튼 아들에게 고맙고 같이 공부하는 문인들, 선배님, 지인들, 독자들, 비평 MJ 선생님, 시 창작지도 선생님께 진심으로 감사드립니다.

앞으로 이어갈 미지의 30년, 문인들과 함께라면 거슬러 가지 않아도 될 것 같은 안도감과 설렘 속에 미래가 벌써 기다려진다.

– 2017년 9월, 임내영

■ 차 례

1부

2부

3부

4부

1부

휴가

잠자리 날개에 앉은 이슬방울
후드득 털어낸다

엘피 레코드판 툭툭 깨우며
트랙을 반복하고
프라이팬 속 달걀노른자 익는 냄새와
밥상에 수저 올리는 소리 들린다

밤새 머물렀던 바람 나가듯이
가슴에 머물렀던 응어리 내보내고
새바람 맞이한 아침

다시 시작이다

성지순례

지붕 위 종탑
바람에 휘감겨 돌아가고
흔들리는 종 따라 마음을 바꾸다가
화면을 정지시킨다

수첩에 적힌 계획대로 돌아가다 멈추고
연어도 아니면서 여덟 시간 느린 땅으로 거슬러와
바라본다

욕심내지 않기를
질투하지 않기를
종교도 없이 빌게 되며

하늘에 박히는 종
바라본다

선택 1

조각상 시선은 어느 쪽에서 바라봐도
나만 쳐다본다

태양을 이고
한곳만 바라보는 해바라기처럼
그녀만 바라보는데
올리브나무 밑에서 쉬어 가듯이
그녀를 보내야 하나
백번씩 불러가며 카톡으로 보낸 그녀 이름
지우지 못한 채 핸드폰에 묻어두고

닳고 닳은 가죽가방만 가만히 만진다

그녀를 데리고 가야 하는데
달랑 몸뚱이 하나

삭제하지 못한 그녀 이름
해바라기 속에 던지려다
망설이고

팔각형 수반 들고 성당으로 향하는
발걸음

혹시나

벚꽃 잎 눈송이처럼 날려
정수리에 가볍게 내려앉고

손잡고 걷는 연인들
머리 위에 떨어지는 꽃잎 받아먹는다

혼자 걸어도 좋을 혼자 즐겨도 좋을
언제부터 이어진 지 모를
밤늦도록 걷고 있는 사람들

오늘만 존재하는 생활 속에
꽃잎처럼 부드럽게 다가왔던 그녀
사랑할 수밖에 없었던
차라리 운명이었던 그녀
영문 없이 헤어진 후 잊고 살았다
잊은 줄 알았다

하늘 향해 멍하니 꽃잎 바라보다
입 벌려 웃고 있는 꽃잎 속에

알알이 박혀 있는 그녀

우연히 마주칠 것 같은
봄밤이다

강촌에 가면

가늘고 흰 목덜미 위에
하나로 묶은 약간 헝클어진 긴 머리
슬쩍 보다 눈이 마주치는 순간
저 세상으로 먼저 간 누이와 닮아 감전된 듯
망설이다 강촌에 따라 내렸다

더운 바람이 눈물처럼 흐르고
그녀의 입김은 뱀처럼 명랑하다

산 중턱 찻집에서 모과 향이 난다

외꺼풀 깊은 갈색 눈동자
해맑게 웃는 분홍빛 작은 입술과 갸름한 얼굴
누이와 닮은 그녀
심장이 빨리 뛴다
언제쯤 고백해야 할까

상상만 하는 사이

〈

기차 난간을 낚아채 올라탄 그녀

텅 빈 기차역
모과 향 가득한 꽃들만 남아 있다

매화꽃 따러

빙어처럼 통째로 매달려 가지 않도록
서로 등 받치고 겨울을 넘겼다

우쭐우쭐 자란 가지마다 입김으로 불었다

차마 두고 갈 수 없는 어린것들
먹거리 날라 먹이고
숨결 매만져 양지바른 쪽으로 고개 돌려주며 말했다

금방 다녀오겠다고

가지마다 입술 벌리고
목 빼고 기다리는 저녁

복사꽃 필 때

그날,
스윽 다가와 머문다
어머니 숨결 같은 바람

그 바람 불었더니

하늘 한 바퀴 돌아
내려앉은 분홍치마
훌~
훌~
훌~

땡볕

웃통 벗어 던지고 개울서 잡아 올린
피라미 꺽지 쏘가리 넣은 매운탕 연실 떠먹다
땀범벅 얼굴, 마주 보며 웃었다

해는 머리 위에 앉았는데
함지박에 들고 온 식구들 옷가지
쪽빛 물에 빨아 자갈 위에 널어 말라가는데
아직 남아 있는 빨래, 얼굴 치자 빛이다

암소 똥구멍이 풍선처럼 부풀어 오르자
황급히 뛰어온, 홍당무 같은 아버지 얼굴
망아지 핥아내고 있는 암소 머리 쓰다듬었네

맨얼굴로 나간 적 언제인가
그 시절로 돌아가 햇살 달구어진 자갈 위에
자글자글 굴러본다

해당화

누가 데려와
담 밑에 홀로 앉아 있니

진분홍 꽃잎 하나 입에 물고
뒷마루에 누워
하늘 바라보며 시간 가는 줄 몰랐던 친구와
그 시절 이야기하고 싶구나

그거 알고 있니
네 모습이 친구랑 닮은 거

낙엽 따라

가을 끄트머리 느릿느릿 걸으며
진한 커피 마시면
온몸이 카멜레온처럼 변할 것 같다

철 늦은 꽃 피워낸 이파리
알 수 없는 상형문자 그려 놓았는데
지나던 진돗개 한 마리 그 문자 더듬는다

이파리에 수없이 그린 사연들
풀어보는 이 없고
낙엽 되어 바람에 흩날리다
갈대 사이에 끼여

끝나지 않은 하루 운수를 점치며
부활을 꿈꾼다

수신처 불명

사루비아 과꽃 한창인 텅 빈 집 마당 앞
촉수처럼 돋아난 나뭇잎
한 장 한 장 뒤집히며 머리 맞대고 있다

그 앞 시냇물 흘러가다 서로 껴안고 떨어져
하얀 포말을 만들고 있다

텅 빈 집 안으로 가야 할까
폭포처럼 떨어져 하얀 포말을 만들어야 하나

생각은 꿈속처럼 흐려지고
잡히지 않는 물길 속을 더듬고 있다

누가 부를까
누가 불러줄까 누가 불러갈까

어디라도 달려가
그리운 그 사람과 밥상 마주할까

반송된 우편물만 바람에 팔락인다

보이지 않는 사람

앙상한 나뭇가지 사이로 보이던 하늘
꽃잎에 가려 보이지 않아도
그 꽃잎 뒤에 있다

지금 보이는 것만 보지 말아야 하며
내 앞에 있는 사람도 그 사람이 아닐는지 모른다
나와 마주하기까지 얼마나 긴 세월을 거슬러 와 있고
그 뒤로 얼마큼 걸어가야 하는지 모른다

파도처럼 일어나는 마음

그를 단번에 안아주지 못했다

민들레 톱니

공중에 떠다니는 먼지들 나무에 앉고
들판에 앉아 꽃 피웠나
공기 상큼해지고 여기저기 꽃봉오리 터졌다

나무와 꽃잎은 제 빛깔 내느라
극점에 도달한 숨을 내쉬고
누가 누구인가 알 수 없이
사람들 불러 들이느라 분주하다

먼지 같은 민들레 톱니 하나 숨결처럼 다가와
수묵처럼 번진다

새삼 시인이고 싶다

골목길 1

네온사인 하나둘씩 깜빡이며 누군가
끌어안고 들어가 얼마 후
골목으로 뱉어냈다

숨바꼭질하듯 골목길 어귀에서 기다렸다

버스에서 내려 한 집 두 집 지나
구부러진 곳에 그림자가 먼저 드리워지면
주머니 속 동전을 자질이다 멈추며
미스 김! 길 건너 디제이 음악다방에서 기다리겠습니다
아저씨 왜요
나올 때까지 기다리겠습니다

밥 먹듯이 외근인데 어쩌다 내근
경리사원으로 첫 출근한 그녀를 보았다
그때부터인가 그 골목은 설렘의 시작이었다
연수꽃집 장수족발 함흥냉면 떡볶이 왕만두 여인숙
생맥주 호프 음악다방

〈

커피 한 잔에 생크림케익 한 조각이 딸려 나오고
반으로 갈라진 어항 속 금붕어 꼬리가
오른쪽 한 번 왼쪽 한 번 흔들며
한 걸음 앞으로 갔다 획 접어 돌릴 때
문 반쪽이 안으로 밀리며 그녀가 들어왔다

골목길 2

자궁 안에서 나와 좁은 곳으로 통과하면
쫀득쫀득 단단해지는 몸
외롭고 슬픔이 밀려오면 골목으로 온다

좁고 굽은 곳 누군가 숨어 있다 유쾌하게 안겨 올 것 같아
술래가 된 기쁨으로 미로를 헤매고 나와
심장 팔딱이고
대문마다 똑같은 숫자 명찰 헤아리다 기억나지 않는다
머리 땅에 대고 돌고 돌아 코끼리 잡듯
어질어질 이발관 기둥 앞 깨진 유리창에 비친
입술 없는 얼굴 병신처럼 보였다

십오 분 걸리는 삼천오백 원짜리 이발하고 나와
거스름돈 비비며
옆에 할매집 황태해장국 두 그릇 시켜 다 비울 때까지
혼잣말 안주 삼다 빈 그릇에 주워 담았다
고개 돌려 이층 보라 미용실 문 열리는지 시선 떼지 않고

해장국 한 수저에 혼잣말하고
와구 안 맞은 창문에 새겨진 그녀 모습 어루만지다 지우고
욕쟁이 할매 욕을 덤으로 받아들고
식어버린 해장국 남김없이 비웠다

2부

그리움이란

보고 싶다 생각하면
보고 싶다고 달려오는 너

그립다 생각하면
그때마다 달려와
그리웠다고 말하는 너

세월 쌓이면서 그리움 쌓이고
그리움 쌓이면서 세월 간다

너를 생각하며

순환

물고기는 밤잠 설치고 헤엄치다
뛰어올라 재래시장으로 가고
사람들은 펄떡이는 물고기 잡아 방생하니
하늘 향해 다시 뛰어오른다

수족관에서 새끼 거북이를 데려온 후
어른 손바닥만 하게 키워 한강 기슭에 놓아주었다
물속으로 들어가지 않고
몇 번이나 뒤돌아본 후 강으로 들어갔다

일 년 지나 한강을 찾아
그곳에 앉았는데
그 크기만 한 거북이가 입술 달싹이며 쳐다보아
거북이 발톱을 확인했다
그때 그 거북이인지 알 수 없다
발톱은 누가 잘라주었는지
자식 잃어버린 후 알아보지 못한 거나 매한가지

에코랜드

두꺼운 껍질을 천천히 가르며
속살 같은 나이테 무늬 따라 곡선으로 들어가면
머리카락이 얼굴 뒤로 날린다

역마다 쉬었다 마주 보고
그대 눈동자 안에 닮은 숲 속을 본다
바람결에 나뭇잎 낱낱이 뒤집히고
등 깔고 누운 풀, 카메라에 담다가 다음 역

푸른 물고기 무리 지어 다가와
콧등을 스치고 지나간다
산호 무덤 같은 숲 속을 헤매다
경적을 더듬어 그대와 마주 앉는다

그대 입김 같은 바람이 꼭짓점까지 불어오면
그대 향해 레일을 깔아 가슴속으로 들어가고 싶다

역마다 쉬었다 마주 보고 울고 웃다가
늪을 빠져나와 할딱이며
레일을 더듬고 헤매다 영영 길을 잃어도 좋겠다

기차가 다음 역으로 떠나고 있다

너도밤나무 나도밤나무

닳고 달아 벗어지고 푸석한 살결 다듬지 않아도
엄마 모습 담고 있는 외할머니 같은 의자
여전히 밤꽃을 피운다

정원 꾸며 사람을 불러 모으고
시나브로 동백나무 이파리
아무도 건드린 흔적 없이
투명한 음표를 튕겨낸다

짝 없는 사람들 그 앞 지나가다
너도밤나무 껴안고 소원 비는데
살아 있는 숨소리 들끓는 듯
밤꽃 내가 진동한다

날마다 찾아오는 이 다르지만
북적대는 도시 한복판에도
젖멍울처럼 여기저기 밤꽃이 슬었다

마이산

C컵보다 큰 사이즈
양쪽 크기는 좀 다르지만
하늘 향해 봉우리를 세웠다

말귀 닮았다 소문 듣고 찾아오지만
귀 잡아끌고 가는 이 없고
그와 다른 사람들 유두 닮았다고
가슴골까지 올라와 주무른다

가끔 당신을 향한 마음 혼란스러워
구름 붕대로 모습을 감추기도 하지만
행여 찾지 못할까, 이내 풀어버린다

꿈에 본 듯 그린 듯, 주위를 맴돈 듯
오직 당신을 향한 마음 전하고 싶다

이별이란

사랑은 이별한다고 잊거나 잊는 게 아니다
단지 흐려지도록 덮어두고 떠나는 것이다

생각하지 않는다고 잊는 게 아니다
멀리 떠나 돌아오지 않는다고 잊는 게 아니다

빈틈으로 들어오지 못하도록
애 받치고 있다가
홀로 지쳐 있을 때
너의 얼굴이 떠오르면 잊은 게 아니다

내가 너에게 잊힌 게 아닌 것처럼
나 또한 너를 잊는 게 아니다

그리움을 낳는 이별

선택 2

자명하지만 자명하게 보지 않는 눈으로
볼 수 없는 것을 보는 일
순간포착을 위해 해종일 죽치다가
한 컷을 건져내듯
골목골목 헤집고 돌아다니다
실마리를 잡아 오는 일

문장 따라 화려하게 예의 갖추고
발정 난 듯 술술 쓰다가
기억나지 않을 때
전기충격이라도 맞아 기억해야 하고

금방 산책하고 돌아와
다시 거꾸로 가봐야 하는 일

벳부에서

양파 속껍질 한 겹 한 겹 벗기듯이 알몸으로
데우다 식히고
다시 들어가 뜨거움을 삭힌다

발가락마다 쪼글쪼글해지고
불은 물고기처럼
굳은살 흐물흐물 벗겨질 때
얼굴 붉어지며 생각이 단순해진다

말끔해진 생각으로
다시 새로운 사랑을 담을 수 있다면
이쯤에서
팔랑이지 않고 차분하게 담을 수 있겠다

모지코의 밤

이탈리아 건축물이 어울리는 전망 좋은 방 창문을 열어 바람을 마신다
발코니 아래 바닷물이 들어와 상점의 불빛을 녹여내고 있다
기다란 조명 빛은 맞은편까지 길을 내며 여행객의 가슴속으로 스며든다

뜨거움이 흐르는 지하
초목에 석회암이 묻어 있는 역사를 들여다보고
태양 아래 익어버린 단풍잎 사이로
사람들은 떠들썩하게 발길을 섞으며 현실을 어루만진다

떨어지지 않는 그리움
포장마차 우동 국물에 비비며
밤이 새도록 술렁임을 털어내도
몰캉하게 솟아나는 젖멍울같이 그 모습이 살아난다

폭포 아래서

흰 포말들 떨어져
맑고 청아한 비취색 그릇에 담긴다
숨결 같은 물살이 갈라지며 몸속을 돌아 푸른 물감을 풀고
폭포 속으로 들어가 소리 지른다
바위는 놀라 물주머니가 터지고
포말을 받아 낡은 기억을 하나씩 씻어낸다
그 기억들이 무색으로 닳아질 때쯤 말한다
너의 이름을 기억하겠다고

기억하겠다는 말 들었을까

다시 온몸에 푸른 멍이 들고
지쳐 쓰러질 때쯤
폭포 아래서 말한다

살아 있음을 알겠노라고

귀 팔락이며

코끼리 등에 올라타 노래하니
커다란 귀 팔락이며 늘어진 종아리를 감싼다
자글거리는 엉덩이 주름만큼
종일토록 관광객 실어 나르며 사탕수수조각 받아먹는데
단맛에 길든 습관일까 포기일까
동그란 눈에 눈물이 그렁그렁하다

얼굴을 볼 수 없지만 연달아 귀를 팔락이며
언덕 오른 뒤 진흙탕에 빠지고
어린 대나무 순 훑으려다 회초리 맞아가며

한 시간쯤
느려진 걸음걸이

숨 멈춰 체중 줄여본다

아~흥 또 가자는 겨

바다가 보일 때

푸른 초원 광활한 대지를 달려
불어오는 바람을 온몸으로 받아내며
자연과 한 몸이 되면
무릇 자유일까

혼자 가기보다는 외로움과 함께

수평선 멀리 해가 반으로 걸려 있고
누군가에게 뭔가 말해주고 싶을 때
몸 한구석을 그어
시를 쓴다

외로움과 공허함이 절여지고
묵힌 시어를 뱉어낸 다음
또다시 기다림
초원을 달린다

스케치

낮달이 선명한 하늘에 커다란 붓으로
구름 강물 쪽배 사람을 그렸다

쪽배 흘러가고 사람들 노 저어
떠내려가다 뒤집히고
물세례에 놀란 구름은 산허리 에둘러 올라간다

눈 오면 눈을 보고
바람 불면 바람을 느끼고
추워지면 안 추운데 찾아가고

그게 뭐 대수일까

그래도 떠나가야 한다

같은 자리

사람들 물속으로 다이빙하고
물고기는 헤엄치다 하늘 향해 뛰어오른다
서로의 영역을 넘보며
놀고 난 뒤 잠잠해지자
바람이 물때를 꼼꼼히 밀고 있다

사람들 헤엄치고 나와
햇빛에 말리다 그림자 새기고
물고기는 하늘 향해 뛰어오르다가
물살 무늬 몸에 새긴다

사람들 저마다 이름 부르고
물고기는 물살 무늬 별로 이름 붙여
서로를 향해 뛰어오른다

그곳은 꿈을 품은 같은 자리

보자기

책 둘둘 말아 어깨에 둘러메고 달리는 소년 뒤
허리춤에 전대처럼 차고 달리는 소녀

엄마는 핑크색 보자기에
차곡차곡 옷 넣은 다음 매듭짓고
어디 가느냐고 묻는다

정장 빼입고 책 싸거나 음식을 담아
걸어가면 한 번씩 돌아보는 사람들
풀고 나면 손바닥 안에 가볍게 접혀 올 수 있음을 알까
명절 쇠러 온 동서에게
김치 한 통 금장 보자기에 싸서 들려 보냈다

가을이 어른거리면
보자기 쓰고 온 동네 헤매고 다니는
그 여인 등 뒤로 바람이 술렁인다

3부

불러보고 싶은 이름

가끔 막걸리 한 잔에
못 살아도 좋아 외로워도 좋아 노래 부르며
다리가 풀린 채 마당으로 들어선다

흥에 겨워 느린 장단 맞추다
거품처럼 부서지고
옹이 박힌 굳은살 도려내는 아픔쯤이야

각혈한 아버지의 아버지를 아무도 입관하지 않아
맨몸으로 업어 언덕을 오르며
땀인지 빗물인지 눈물인지
손으로 덮었던 그때
잘라내지 못한 배꼽 끈이 매달려 있음을 보았을까

삭정이 같은 그 이름 불러보고 싶다

꽃잎은 마들가리 새순 올라오는지 아랑곳없이
언덕을 가볍게 내려가고 있다

안장을 넘어

7호선 부천시청역 2-2
4호선 총신대 이수역 5-3
경마공원역 1번 출구로 나와 레츠런파크
엉덩이 흔들며 말이 달린다

체험장 안에 회색빛 늘씬한 말
커다란 눈으로 마주만 쳐다보다
콧소리 내며 앞발을 들어 올린다

살아가는 것이 말처럼 길든 것 같아
한 조각이라도 깨뜨려 보고 싶다

두꺼운 천 안장 넘어
따뜻한 말 체온이 가슴속으로 전해온다

사진 찍는 언덕에 이르자
준비 자세로 기다리다가
찰칵 소리에 전속력으로 내려간다

말편자에 가시가 박히는 것 같다

그래도 살아가야 하는 것을

콩돌

바닷물에 씻고 씻어 올렸다

언젠가는 찾아와 당신 발가락 사이로 닿을 때
오로지 당신만을 느낄 수 있도록
어둠 번갈아 가며
커다랗던 몸 콩알만큼 되기까지
거품으로 단장하며 본능처럼 뭍에 닿으려 했다

이제 콩알보다 작은 모래알 되어
이곳을 떠난다 해도
지금 이 시간 당신과 만났음을 기억하리라

다시 올라올 기약 없이 거친 바람 불어오고
파도에 뒤섞이며 바다로 쓸려간다

오늘의 정석

은행 한 알 발등으로 떨어졌다
겨울이 온다는 신호를 보냈을까 가슴이 툭 내려앉는다
채비하지 못한 채 맞이하는 일상
비듬처럼 털어내며 가던 길 재촉한다

공원에는 비둘기 무리 지어 여문 잔디 씨앗 훑어 내느라
아이들이 꼬리잡기 게임을 코앞에서 하는 데도 아랑곳없이
고개를 연실 끄덕거리며 춤춘다

바람은 체온을 감지하며 얼굴에 닿아
덥지도 차갑지도 않은 상큼함으로
지그시 눈 감게 한다

나뭇가지 끝에 나뭇잎 하나 아슬아슬하다

은행나무

언제 떨어질까 우듬지마다 매달려
잠깐 내리쬐는 겨울 햇볕을 담고 있다

떡잎부터 햇빛 받고 자란 놈
그늘진 곳에서 뒤통수만 보고 자란 놈
얼굴만 반쯤 내밀고 있는 놈
열매를 맺을 수 있음에 온몸 흔들고 있다
뿌리 깊은 곳에서 물 퍼 올리고
바람 불어 다칠세라 잎사귀로 가리고 가려도
견디지 못하고 떨어지는 놈이 있으니
핏덩이 내려놓는 심정 무어라 말할 수 없는데
떨어진 놈이라도 데려가면 좋으련만
밟아 바수려 놓고 가면 우듬지까지 퍼 올렸던 물줄기
식은땀으로 흐른다

시간은 멈추지 않고 흘러가니 남은 것은 삭정이뿐
지나가는 새 한 마리 앉힐 수 없다

눈이 눈을 볼 때

바다가 파도를 말은 것인가
파도가 말아간 것인가

나무가 집을 끼고 있는 것인가
집이 나무에 끼인 것인가

엄마가 아기를 업은 것인가
아기가 엄마에게 업힌 것인가

장미꽃이 주인공인가
안개꽃이 주인공인가

땅에서 피는 꽃 작약
나무에 피는 꽃 모란인데

여하튼, 인간은 평등해야 한다

시나브로

얇은 카디건 안쪽 상표가 얼비친다
옷을 뒤집어 가위로 잘라내려는데
made in korea 요즘 보기 드문 상표다
한류 열풍 타고 국내에서
자연스럽게 녹아든 made in china
그렇게 스며든 일상의 습관
아침 제일 먼저 눈 비비며 라디오를 튼다
그동안 구워 먹고 지져 먹고
튀겨 먹던 고등어가 뉴스에 올라탔다
대기업의 상품으로 출시된 고등어
전자레인지에 몇 분만 돌리면
바로 먹을 수 있다는 광고 나온 지 얼마인가
한 번도 만난 적 없는 일기예보 아나운서
목소리만 들어도 이름 기억하는데
시나브로 굽지 않고 바로 먹는
고등어를 집어 드는 건 아닌지

내릴 줄 모르던 고등어 값이 내렸다

아내의 하루

매실 장아찌 택배 보내고
재래시장에서 조기 민어 골라온 다음
표고버섯 지져내고 풋 취나물과 갓 말린 고사리 삶아 무쳐
술 따라 절하고 음복해야 하고
온 가족 생일 이날에 줄줄이 챙겨야 하고
콧소리 아양 떨어 엄마와 소원함을 털어냈다

빨간 장미 한 송이와
탐스런 수국 한 송이 식탁에 올리고
화단에 핀 접시꽃 찍어 단체 카톡에 전송했다

건강검진 예약하고 체중 조절하며 하루 전 금식
용정 수술 앞두고
소주 한 잔 마시지 못했다

어젯밤
폐암으로 투병 중인 문학 동인이 꿈에 나왔다

여로

운다 운다
빈 몸으로 태어나
어떻게 살아갈지 몰라
웃는 가족 앞에서
운다

본다 본다
돌아가는 세상
돌고 돌아 다시 도는 세상
같이 돌다 웃고 따로 돌다 울며
본다

간다 간다
삶의 무게 무거워
들 수 없어 내려놓고 간다
잘 있겠나
밥 잘 챙겨 먹고 울지 말게
간다

반쯤 하회탈

날 잡아 서고 정리 중
먼지 뽀얀 라면 두 박스 내려놓는 순간
한쪽 바퀴 빠진 유모차에 큰 종이상자 올려져
절룩이는 할머니 걸음마다 아슬아슬

거시기 우자꼬 뭐시던가 이거 가져갈까요
버리는 라면인데 괜찮겠어요
아따, 지야 고맙지요
현관문 반쯤 열고 얼굴 드민 할머니
모처럼 함박웃음 반쯤 하회탈이다

고단함으로 절여진 깡마른 진흙 빛깔 얼굴
해소 기침 쿨럭이며 돌아서는 뒷모습에
작은 손 어루만져야 할 부모 없는 손자 집에 두고
발걸음마다 눈에 밟혀
그 낯빛 같은 라면이 먼저 끓는다

미결 서류는 실타래처럼 엉키는데
말끔한 유리창에 반영된 얼굴들 낯설다

조급증

투명으로 된 볼펜심 얼마 남지 않았다

안 쓰던 낙서까지 쓰고 또 쓰고
안 나올 듯 안 나올 듯 계속 나온다
머리 풀어 쏟아지듯 박박 그어도 나온다

투명하지 않은 볼펜심
악다구니 낙서 안 써도 되고
인생 얼마 남았는지 모르니 다행일까
오늘만이라도 아무렇게나 보낼 수 있는 자유

꽃 같은 세월
밥 먹고 시원하게 싸고 갈까

통일전망대

길가 코스모스 흔들릴 때마다 잠자리 점프하다
다시 앉는다

강 건너 들녘에는 누가 살고 있을까
헤엄쳐 건너가고 싶은 충동 누르며
오백 원짜리 동전 넣은 망원경으로 좌우 들어다본다
아무도 보이질 않는다
강물만 변명 없이 흘러가며 시간을 퇴적시키고 있다

전망대 아래쪽 그리운 금강산 노래를 연속으로 틀어
사람을 불러 모으고
해맑은 아이들 주위를 산만하게 돌아다녀도
아랑곳하지 않고 강 건너편을 길게 바라보는 사람들
언제쯤 그들이 살던 곳에서 벼 이삭을 들어 올리며
땀방울 씻을 수 있을까
기약 없는 시간 바람에 흩어진다

쓸어내지 못한 응어리
역사해설가 입가에 거품처럼 일어난다

아이콘

좍! 쏟아진다

기다림이 깨어나
깃털처럼 잡힐 듯 말 듯
수많은 인연과 시간의 더께 씌워지고
성급하게 결정했던 순간들 먼지처럼 날아간다

폴더 속 아이콘 하나 클릭하여
마우스 잡고 있으나
한 줄도 쓰지 못한 채
느낌이 무너져 내린다

그녀의 마음 알 수 있을까
그녀 눈동자 속을 멍하니 바라보다
삭제하지 못했다

다시 새 아이콘 클릭한다

뚝방의 비밀

보이지 않는다

허리 굽어진 곳, 누군가 선수 치고 있다
그녀를 데려올 안전한 사각지대
머리 위로 길이 지나가고
수평으로 흐르는 강물에 눈동자를 담근다

누군가 다가오는 발소리

그녀를 순간적으로 당기며
숨 참아 마주 보다가 강을 보고
머리 위 쳐다보다 강물에 비밀을 담근다
비밀이 강물처럼 흘러가 주워 담을 수 없음을

아무 생각하지 않았다

그녀가 내 옆에 있어
아무 생각나지 않았다

약속의 날

화창한 날에도
궂은 날에도 만나
그 마음 한결이었기에
부부 인연으로 첫날을 맞이합니다

88 올림픽 열리던 해 드높은 함성으로 태어나
걸음마 떼고 학교에 가고
어른이 되어
좋은 남편 좋은 아내로 살겠다며
가족과 친구 동료 앞에 서는 날

두 집안의 소중한 인연으로 한 가족이 되고
신랑과 신부가 믿음과 사랑으로
기쁘고 예쁘게 살아가길
응원해 주고 축하해 주는 날입니다

사랑하는 아들
사랑하는 딸
새 약속하는 날
기뻐 춤이 절로 나오는 바로 오늘입니다

둥지 밖

노란 주둥이 벌려 서로 부딪치며 먹이 받아먹다
둥지 밖으로 날아오른 날
하나씩 탈출하는 별이 있으니
뭐든 그대로 있는 것도 있지만 그렇지 않은 것도 있다

소원을 빌어 볼 수 있는 별똥별
빠르게 떨어지고

그리움, 꽃잎처럼 흩어지니
꽃잎은 꽃길 되고 꽃자리에 푸른 잎 돋아나
다시 기다림의 시작이다

빗금 사이로 나온 별
보지 않으려 해도
문득 별똥별이 궁금하다

알고 있다는 것은

세면대 위 개미 한 마리
퉁겨진 물 한 방울에서 나오질 못한다

광화문 광장 무리 속에 끼여
소리 없는 함성을 지르며
저임금 승진 한번 없는 정규직
정년 해바라기로 나오질 못한다

부자로 살아야지
따습게 살아야지
웃으며 살아야지

지옥과 천당을 오가며
물 한 방울 마시지 못하고
알고 있다는 것을 알려 해도 알지 못한다

시급 일 만원

함께 살면 안 되는가

선線 하나 두고 남과 북
강江 하나 두고 강남과 강북을 가르고
같은 직장에도
정규직 비정규직으로 나눠진 세상
정규직 하나 잘라 비정규직 셋 고용하고
잘린 정규직은 다시 비정규직이 되는 인간경영

정년 보장이 정규직이라는 미명 아래
시급 6,470원 8시간 일해 51,760원
한 달 급여 130만 원

아이들 키우고 부모 모시려는 꿈은 오간 데 없이
언제 벗을지 모르는 가계부채에서 헤어날 줄 모르네
얇은 봉투나마 축의금도 내고
생일에 케이크도 자르고 싶네

시급 일 만원!

부자와 가난을 가르지 않는
선[線]도 아니요 강[江]도 아닌
소박한 아우성에 누가 짓밟으려 하는가

시급 일 만원부터 함께 살면
진정 안 되겠는가

비 오는 날

어둠은 연기처럼 스며오고
물방울 꼬리와 꼬리를 촘촘히 이으며
발아래 떨어져 투명한 작은 공으로 무수히 쪼개어
점프한다

비 오는 날 당신을 처음 만나
비가 오면 만나기로 했지

소낙비 오고 안개비 내리고
장마 시작되면
매일 찻집에 앉아 소설을 쓰다가
넓은 잔디마당에서
맨발로 춤을 추었지

빈 찻잔에 빗물이 고이고

창밖에 작은 공들이 퉁겨져
내 마음에 박힌다

4부

책마루 1

사람들은 겨울 빙어 축제에 가서 빙어를 잡아
초고추장에 찍어 먹는 맛을 즐기지만
시인은 빙어가 처절하게 꽃을 피워 통째로 바치는 생을 보고 있다
시인은 남들이 보지 않는 곳을 바라보고 가슴 아파하고 처절해 하고
슬퍼하고 기뻐해야 하는 운명인가보다
젓가락 끝에 피는 꽃은 죽은 젓가락에 생명을 불어넣어
서산의 노을처럼 더없이 아름답고 장엄한 꽃을 만들었다
그는 시인이다 나도 시인이다
무엇을 볼 것인가?

책마루 2

가난은 세습하고 싶지 않다
부자는 세습하고 있다
가난한 사람은 세습하지 않으려 해도
어쩔 수 없이 대를 물려 가난해지는 악순환이 일어난다
개천에서 용 난다는 속담은 이제 지워야 한다
개천에서 용이 나려면 세상이 뒤집히지 않는 한
일어날 수 없는 세상이 되어버린 세상에서 희망을 잃지 않는 건
그들과 한 잔의 소주를 기울여 다독이고 같이 아파해주는
친구 동료가 있기 때문이다
지도자가 되려면 이 부분을 깨고 넘어야 하며
공공기관에서 적극적인 자세로 바꿔 나가야
세상이 바르게 돌아갈 것이다

책마루 3

아픈 만큼 성숙해진다

지금 바람을 향해 열린 꽃잎들의 저문 하루해가 지기 전 어둠이 닫힐 테지만

오늘 밤 감각이 정신으로 바뀌는 통점에서 꽃은 환희 핀다고 말한다

우리는 우리에게 시련이 닥치면 시험에 들지 말게 해 달라고 기도한다

그 아픔을 이겨낼 수 있는 자에게만 주어

그것을 이겨 내도록 하는 신의 한 수 일지 모른다

오늘 힘들어도 힘들다 하지 말고 아픔만큼 성숙하여

환한 꽃을 피울 수 있도록 최선을 다하자

책마루 4

봄에 이사하는 집이 많다
비가 오면 살림살이가 젖는 일이 많아 장마철 이사하지 않는다
이사할 때마다 사람들은 마지막 이사기를 바란다
월세에서 전세로 전세에서 전세를 전전하다 내 집 조그만 거
한 칸이라도 마련하면 이사 끝이라며 좋아했는데
지금은 집에 대한 미련이 많이 내려갔다
이사라 해서 좋은 것만 있을 리 없고
사업하다 망해 경매 넘어가고 울음을 삼키는 이삿날이 있고
이사를 할 필요 없는 노숙자까지
동경과 희구가 다른데
전체를 아우를 수 있는 호흡으로 포용하며
모든 사물을 보아야 하는 것이 바로 시인이다

책마루 5

저 낮은 곳에 뿌리내리기 위해 일상에서 일어나는 소소한 느낌과

새로움에 대한 변신과 가능성을 가지는 마음의 자세가 필요하다

젊게 살 수 있는 길 중 하나, 여행하며 많이 보고 많이 생각하고

자기 자신을 변화시킬 수 있도록 노력하면 연령보다 훨씬 젊게 살 수 있다

날이 좋은 봄날 어디론가 떠나

입술 벌려 웃고 있는 꽃 보며 웃고 싶다

홍매화 벚꽃 진달래 민들레……

가랑비에 옷 젖듯

소리 없는 소리로 시나브로 전해오는 소리
가랑비에 옷 젖듯이 마음을 비운다
집 안의 많은 잡동사니 치우는데
시간과 소비를 낭비하고 있는 나를 발견한다
그 자리에서 털고 일어나 밤늦도록 책상 서랍부터
하나씩 정리했다
서랍 하나 털었을 뿐인데 버리려 내놓은 것이
서랍 크기보다 많이 나왔다
비우자 비워보자
단출하게 일상을 바꿔보자

남영역

전철 전력 공급이 끊어졌다 이어지는 곳
남영역 남태령역
여러 번 지나갔지만 무심히 지나갔다
그곳을 배경으로 연속극이 나오고 시와 소설이 나왔다
흐르다 정지하는 의미는 무엇일까?
어렸을 적 즐겁게 춤을 추다가 그대로 멈춰라
하며 멈추었다 다시 움직이며 놀았다
숨 가쁘게 가지 말고 조금 속도를 늦추어 보면 어떨까
멈추어서 주의를 돌아보는 여유와 내공을 키워보자

우연히 마주친 일

언제나 완전을 추구하며 불안정한 상태로 하루를 열어
하루를 보내고 다시 하루를 잠재우고 있다
혹시나
오늘 뭔가 일어나지 않을까 하는 기대를 하고
기도하고 소원 빌어 마음 한구석을 살핀다
그녀는 어디서 무엇을 하며 어떻게 지낼까
그녀와 우연히 마주치는 일이 혹시 일어날까

일상의 말 아껴

평생 쏟아놓은 말 부끄럽지 않게 살기 어려운데
길이길이 남는 시 쏟아 놓는 건 더 어려운 일이다
입 벌려 쏟아져 내리는 폭포수와 같이 말을 쏟아붓는 시인
알알이 정제된 물방울로 만들기 위해 밤낮을 두드려 내놓은 말
일상의 말 아껴 옥구슬처럼 꿰어 만들기까지 기다리는 시인
오늘을 살아 내일을 만들고 내일을 기다려 오늘을 산다
애인을 만들어가듯이
자유롭게

커피 한 수저

시집은 시인을 닮은 분신을 낳는 것이다
자식을 낳아 부모하고 똑같은 행동을 하고 똑같은 식성을 닮으면
왠지 모를 울컥한 마음이 들어 한 번 더 얼굴을 매만지고
화창한 날에도 궂은 날에도 그 마음 한결같기에 부모 자식이고
부부가 되는 인연 속에 세월 흘러가고 세월을 맞이한다
내 몸에 향기는 무엇일까
내 모습의 풍경은 어떤 것일까
맑은 물에 커피 한 수저 넣어 커피 향이 나듯이
한 수저 떠 넣고 싶은 향기는 무엇일까

빈껍데기

보청기 끼지 않으면 들리지 않는 엄마
손자 결혼하는 데 오다가 넘어져 죽더라도 와야 한다며 시골에서 올라왔다
엄마를 본 순간 눈물이 나는지
자식 시집갈 때 그런 맘이 들었을까
애써 눈물 감추고 엄마를 안았다
자식 출가시키기 위해 부모 된 죄로 있는 돈, 없는 돈 모아 패물하고
예식비 마련하고 남은 돈마저 자식한테 쏟아내야 했던 날
빈껍데기로 가는 길 먼저 걸어온 엄마

바람 불어와 온몸을 통과한다

너와 내가 만나

남의 생을 본받고 따와 내 인생에 접목하여 새로운 인생을 살아가고 다시 내 인생은 다른 사람에게 따옴표가 되어 그들 인생에 접목하여 살아가는 모습에 공감하며 어떤 날은 진한 혈육의 끈 같은 것이 묶여 있다는 사실에 새삼 놀라다가 일상으로 무심히 돌리게 된다

내 따옴표를 따가게 하려면 그들에게 기쁨을 주어야 하고

그 기쁨으로 나 또한 기뻐해야 하니

그 길을 찾아야 함이 정답인 거 같다

음과 양을 맞추고 해가 뜨고 달이 뜨고

너와 내가 만나 무엇을 만들어 갈까

■□ 해설

삶의 심연(深淵)을 향한 구도적 시쓰기

문정영(시인)

임내영 시인의 이번 시집 『눈이 눈을 볼 때』는 4부로 구성되어 있다. 이 시집을 통독하고 나면 시인의 자의식이 오롯이 떠오른다. 한 편의 시에 임하는 자세는 마치 종교적, 구도적(求道的) 자세와 가깝다. 즉 이 시집은 시보다는 시인의 시인됨의 태도에 주의를 기울이고 있음을 짐작하게 된다. 이것은 시인으로서 매우 고무적인 자세라고 할 수 있다. 시편 곳곳에서 자신의 자질을 스스로 증명해 보이려는 듯 자기검증의 시가 의식처럼 전개된다. 여러 편의 시에서는 시인으로서의 삶에 대하여 묻고, 질문하고, 연마하는 흔적이 자연스레 스며 있다. 한편 이 물음들은 스스로에게 던지는 질문이면서 동시에 모든 시인에게 던지는 질문으로 환기된다. 그래서 이 시집은 시인으로서의 자기검열과 자기감찰이라고 할 수 있다. 이와 더불어 또 하나의 특징은 시인이 쓴 대부분의 시들은 삶의 터전에 단단히 뿌리를 내리고 다양한 각도로 시를 변주하고 있다는 것이다. 이런 점에서 임내영 시인은 현실적 삶의 기반도 중요하게 여기는 건강한 모습으로 비추어 진다. 그 여정을 차분하게 따라가 보자.

지붕 위 종탑
바람에 휘감겨 돌아가고
흔들리는 종 따라 마음을 바꾸다가
화면을 정지시킨다

수첩에 적힌 계획대로 돌아가다 멈추고
연어도 아니면서 여덟 시간 느린 땅으로 거슬러와
바라본다

욕심내지 않기를
질투하지 않기를
종교도 없이 빌게 되며

하늘에 박히는 종
바라본다

–「성지순례」 전문.

어느 성지순례 길, 시인은 성전의 종탑과 종소리를 들으며 이 시를 떠올리게 되었을 것이다. 우리가 유럽 여행길에 나서면 빼놓지 않고 만나게 되는 관광 상품이 성전이다. 중세기 부흥했던 종교적 규모와 힘을 과시하듯이 역사적 현장에서 바라보게 되는 성전의 스케일은 실로 어마어마하다. 그 성전 중에서 가장 높은 자리에 있는 '종탑'

은 성전 중에서도 가장 높은 곳에서 종교적 위상과 엄숙함을 보여주는 수직적 상상력의 구심적 상징이다. 게다가 '종소리' 또한 청각적으로 종교적 각성을 일깨우는 하나의 상징적 소품이라고 할 수 있다. 그런 면에서 이 시의 "지붕 위 종탑"이나 '종소리'는 특정 종교를 불문하고 모든 순례자에게 삶의 구도적 자세와 각성 효과를 일깨우게 만드는 일반화된 상징물이라고 할 수 있다.

그런데 이 시에서 시인은 이 상징물들을 하나의 메타포로 사용하지 않는다. "욕심내지 않기를/ 질투하지 않기를/ 종교도 없이 빌게 되며"라는 부분에서 보여주듯이 종교와 관계없이 현실을 살아가는 일반인으로서의 삶의 성실한 자세와 윤리적 자각을 보여줄 뿐이다. 이것은 억지스럽게 특정 종교를 드러낸다거나 귀착하려는 과잉된 포즈가 아닌, 삶의 지혜에서 자연스레 배어나오는 삶의 철학이라고 할 수 있다. 그런 면에서 시인이 바라보는 세계는 범종교적이거나 탈(脫)종교적이다. 시는 어떤 종교도 초월할 수 있어야 한다는 점에서 시인은 어설프게 특정 종교의 옷을 빌려서 말을 하지 않는다. 시를 쓰기 위해 '종탑'과 '종'의 이미지를 다만 빌려왔을 뿐이다. 인류가 공통적으로 지향하는 보편적 삶의 윤리를 우선 앞자리에 두려는 이런 태도에서 임내영 시인의 시인으로서의 자세, 시에 임하는 자세가 자연스럽게 드러나고 있다.

> 사람들은 겨울 빙어 축제에 가서 빙어를 잡아
> 초고추장에 찍어 먹는 맛을 즐기지만

시인은 빙어가 처절하게 꽃을 피워 통째로 바치는 생을 보고 있다
시인은 남들이 보지 않는 곳을 바라보고 가슴 아파하고 처절해 하고
슬퍼하고 기뻐해야 하는 운명인가보다
젓가락 끝에 피는 꽃은 죽은 젓가락에 생명을 불어넣어
서산의 노을처럼 더없이 아름답고 장엄한 꽃을 만들었다
그는 시인이다 나도 시인이다
무엇을 볼 것인가?

–「책마루 1」 전문

시는 참여를 통하여 존재하게 된다. 이 참여는 흔히 보는 일상적 풍경을 낯설게 만듦으로써 가능해진다. 즉 흔한 풍경을 시적 상황으로 바꿔놓을 때 시적 체험이 가능해진다. 시인은 그 상황을 효과적으로 조합하여 그럴듯하게 보이게 만드는 연출자이며 기획자이다. 그런 의미에서 「책마루 1」은 시인으로서의 자의식을 직접적으로 드러내는 작품이다. '빙어'와 '시인으로서의 나'를 철저히 타자화해서 "보고 있다"라는 객관적 시점을 확보하고 있다. 그런데 이 시점처리에 주목이 가는 것은, 시인으로서의 감상적 자기도취에 안주해 있다거나, 대상으로 삼은 사물인 '빙어' 에 대하여 함부로 잣대를 들이대는 것이 아니기 때문이다.

시인은 "빙어가 처절하게 꽃을 피워 통째로 바치는 생"

이란 표현을 통해서 '빙어'의 생도 누군가에게 생명을 부여하는 일에 바쳐 진다 것에 주의한다. "그는 시인이다"라는 말로 '빙어'와 '시인'의 삶의 유사성을 연결시키고 있다. 이런 관점은 「민들레 톱니」에서도 드러난다. "먼지 같은 민들레 톱니 하나 숨결처럼 다가와/ 수묵처럼 번진다" … (중략) … "새삼 시인이고 싶다" 라고 표현함으로써 자연물을 통해서 타자화된 시인의 모습을 내재화하고 있다. 이런 부분에서 시인의 시적 자의식이 분명히 드러난다. 언어를 다루는 사람만이 시인이 아니라 온몸 내어주는 '빙어'도 시인이라는 것. 시인의 삶이란 민들레처럼 세상에 "번지"는 삶이어야 한다는 것, '(모든)시인'의 자세가 그렇게 되어야함을, 시인이라면 온몸을 바쳐 사물에 봉사할 수 있는가, 라고 스스로에게 또한 모든 시인에게 질문을 던지고 있는 것이라고 할 수 있다. 그래서 "무엇을 볼 것인가?"라고 묻는 마지막 행은 존재의 심층을 들여다보라는 화두처럼 배치하고 있다.

앙상한 나뭇가지 사이로 보이던 하늘
꽃잎에 가려 보이지 않아도
그 꽃잎 뒤에 있다

지금 보이는 것만 보지 말아야 하며
내 앞에 있는 사람도 그 사람이 아닐는지 모른다
나와 마주하기까지 얼마나 긴 세월을 거슬러 와 있고
그 뒤로 얼마큼 걸어가야 하는지 모른다

파도처럼 일어나는 마음

그를 단번에 안아주지 못했다

—「보이지 않는 사람」 전문.

시인은 일상적인 사물과 인간관계의 현상들 사이에 작용하는 획일적 관계를 뒤흔들어 놓는 존재다. 시가 일종의 '발견'이라는 말은 이러한 성찰과 반성 끝에 얻어지는 관점일 때 가능해진다. 시인이 새로운 관점과 각도로 사물이나 관계를 바라볼 때, 시는 대상을 고정된 의미로부터 해방시키고, 은폐되었던 또 다른 세계가 우리 앞에 열리는 것이다. 이런 의미에서 시인은 일종의 발견자이며 입법자라는 말이 가능해진다. 그러므로 시인이 시를 쓰는 행위는 인간의 본질, 원초적 세계를 해명하기 위한 기나긴 여정이라고 할 수 있다.

그러므로 우리가 일상적으로 접하는 사물의 이름이나 인간관계는 너무나 익숙하여 하나의 환상이거나 기호로 작용하는 경우가 많다. 「보이지 않는 사람」은 우리가 시각적으로 접하는 익숙한 사물의 이면, "앙상한 나뭇가지 사이로 보이던 하늘/ 꽃잎에 가려 보이지 않아도/ 그 꽃잎 뒤에"와, 사람의 이면과 속성, "지금 보이는 것만 보지 말아야 하며/ 내 앞에 있는 사람도 그 사람이 아닐는지 모른다"을 성찰과 반성의 관점으로 보여주는 작품이다. 이는 눈앞에 보이는 현상만으로 사물이나 사람을 판단하는 일반적이고 획일적인 관계에 대한 거부에서 온 사고라고 할 수 있다. 여기서 더 나아가 "나와 마주하기까지 얼마나 긴 세월을 거슬러 와 있고/ 그 뒤로 얼마큼 걸어가야 하는지 모른다"라는 관점을 열어놓음으로써 과거-현재-미래로 이어지는 유기적인 세계관에 순응하는 시인의 자세를 엿볼 수 있다.

그런데 이 시는 3연과 4연에서 인간의 나약한 속성을 가감 없이 보여주고 있다. 파스칼이 인간은 갈대와 같은 존재라고 했다면, 시인은 인간의 마음을 "파도처럼 일어나는 마음", 즉 파도에 빗대어 표현하고 있다. 1초도 같은 모습을 보이지 않는 파도, 늘 동요하는 파도처럼 인간의 마음은 그와 같아서, 눈앞의 현실에 철썩거리고 "그를 단번에 안아주지 못"하는 존재로 그려지고 있다. 이론으로는 사물이나 인간관계에 대한 이해가 깊다고 해도 막상 현실 앞에서는 행동으로 옮기지 못하고 후회하는 존재, 인간의 모습을 이렇게 보여주고 있다. 이 괴리에서 시인의 사물과 인간의 본질과 본성에 대한 고민을 일치시키지 않고 그대로 노출하고 열린 결말을 짓고 있다. 이 결말이 주목되는 것은 시인이 시의 결말을 억지로 포장하고 애써 미화시키지 않는다는데 있다. 밋밋하고 담담한 어투를 선택함으로써 인간의 양면성과 진면목을 그대로 보여주고 있다.

바다가 파도를 말은 것인가
파도가 말아간 것인가

나무가 집을 끼고 있는 것인가
집이 나무에 끼인 것인가

엄마가 아기를 업은 것인가
아기가 엄마에게 업힌 것인가

장미꽃이 주인공인가
안개꽃이 주인공인가

땅에서 피는 꽃 작약
나무에 피는 꽃 모란인데

여하튼, 인간은 평등해야 한다

—「눈이 눈을 볼 때」 전문.

최초의 낙원으로부터 추방된 인간은 물아일체의 세계로부터 점점 분리되는 존재가 되어 버렸기 때문에 자기 자신에 대해 인식에서 생기는 말과 지시하는 실재와 말이 동일하지 않게 되었다. 자신에 대한 의식이 개입되기 때문이다. 그래서 대상과 언어는 일치를 꿈꾸지만 결코 그 일치에 도달할 수 없다. 언어는 더 이상 대상과 동일시되지도 않고 그 대상을 가리키는 추상적 기호에 지나지 않게 되었다. 그래도 일치하지 않는 세계나 사물을 지시하는 도구는 언어이기 때문에 언어를 사용할 수밖에 없다. 한편 인간이 언어를 만들고 다루기 시작하면서 인간은 세상 만물을 인간의 입장에서 표현하기에 유리한 입장에 놓이게 되었다. 인간 중심으로 사물을 판단하고 명명하게 되었다. 사물의 입장에서 보면 이 기준은 폭력적이고 획일적일 수 있다.

이 시집의 표제작인 「눈이 눈을 볼 때」의 경우도 대상과 대상 간의 입장에 따른 관계의 차이를 보여주고 있는 작품이다. 다섯 개의 관계없는 에피소드를 각 연에 배치하고 그 차이와 현상을 통해서 관계의 우열관계, 시점의 폭력, 종(種)의 주종관계 등의 대립과 갈등 관계에 대해 우회적으로 묻고 있다. 이런 현상을 인간관계의 모습을 들어서 "엄마가 아기를 업은 것인가/ 아기가 엄마에게 업힌 것인가" 표현하고 있다. 이처럼 같은 장면이라도 보는 관점에 따라서 전혀 다른 의미가 가능해지는 경우가 있다. 예를 들어 입양의 의미가 상식적으로 생각하면 어린이를 입양함으로써 어린이를 행복하게 하는 일을 되겠지만, 반대로 생각하면 입양된 어린이 때문에 어른이 행복한 삶을 누릴 수 있다. 그러므로 우리가 만나게 되는 일상적 풍경 그 자체가 문제가 아니라 그 현상을 어떻게 바라보는가에 따라 해석이 달라질 수 있다. 이러한 현상은 인간관계뿐 아니라 사물을 통해서도 발견할 수 있다. "장미꽃이 주인공인가/ 안개꽃이 주인공인가"라는 표현을 통하여 자연이나 물질에 가해지는 주종관계의 현상을 보여주고 있다. 그런 면에서 '눈이 눈을 볼 때' 라는 제목은 평등한 시선으로 사람과 사물의 존재가치를 인정해야함을 암시하고 있다. 예를 들어 사람과 사람이 평등한 관계일 때는 같은 눈높이로 소통할 수 있다고 한다면, 눈높이가 다른 갑을 관계에 놓일 때는 평등한 관계나 시선으로 소통을 할 수가 없게 된다. 이처럼 이 시를 통해서 시인은 살아가는 사람과 사람, 사물과 사물들의 관계가 평등하지 않음을 전제로 일상적 풍경 속에 숨어 있는 위악성을 고발하고 있다. 이 현상은 사회적 맥락 속에서 개인의 문제뿐만 아니라 사회적 문제로 확대될 수 있다. 그래서 다양한 에피소드를 나열해서 그 대상 간의 관계성 속에서 이루어지는 고착화된 현상을 관찰하고 성찰하는 시인의 세계관이 엿보이고 있다. 인간을 중심으로 하는 편협한 사고가 아닌 만물의 입장에 눈높이를 맞추고 이 세계를 바라보려는 넓고 깊은 시선의 스케일은 단순한 기교가 아닌 삶에 대한 성찰, 사물의 본질에 대한 천착에서 비롯되고 있음을 확인하게 된다.

> 언제 떨어질까 우듬지마다 매달려
> 잠깐 내리쬐는 겨울 햇볕을 담고 있다
>
> 떡잎부터 햇빛 받고 자란 놈
> 그늘진 곳에서 뒤통수만 보고 자란 놈
> 얼굴만 반쯤 내밀고 있는 놈
> 열매를 맺을 수 있음에 온몸 흔들고 있다
> 뿌리 깊은 곳에서 물 퍼 올리고
> 바람 불어 다칠세라 잎사귀로 가리고 가려도
> 견디지 못하고 떨어지는 놈이 있으니
> 핏덩이 내려놓는 심정 무어라 말할 수 없는데
> 떨어진 놈이라도 데려가면 좋으련만
> 밟아 바수려 놓고 가면 우듬지까지 퍼 올렸던 물줄기
> 식은땀으로 흐른다

시간은 멈추지 않고 흘러가니 남은 것은 삭정이뿐
지나가는 새 한 마리 앉힐 수 없다

–「은행나무」 전문.

위의 시는 「눈이 눈을 볼 때」를 반증해 보이는 듯한 작품이기도 하다. 「눈이 눈을 볼 때」는 한 대상에 대하여 두 개의 관점만 사용했다면 「은행나무」는 은행나무 잎을 의인화하여 나뭇잎 하나하나를 현미경을 대고 들여다보듯이 일일이 나열해 보이고 있다. 그런 의미에서 이 시는 인간적 시점을 최대한 배제하고 쓴 시다. 이는 오르테가(Ortega Y. Gasset)가 현대예술의 가장 두드러진 경향을 비인간화라고 진단했던 기준에 부합한다. 오르테가는 현대시에서의 은유의 기능은 인간적 시점과 현실을 배제하는 일이라고 봤다. 그 관점에 비추어 볼 때 「은행나무」는 인간적 시점에서 쓴 시가 아니라 은행나무를 자신의 관점 안으로 내재화하고 철저히 은행나무의 입장이 되어 세밀하게 그려진 작품이다. 시가 사물에 봉사해야 한다는 기준으로 볼 때 시인의 자세가 이 시에서도 잘 드러나고 있다. 특히 2연에서 "떡잎부터 햇빛 받고 자란 놈/ 그늘진 곳에서 뒤통수만 보고 자란 놈/ 얼굴만 반쯤 내밀고 있는 놈 …(중략)…떨어진 놈"까지 밀착해서 살피고 있다.

현대사회에서 우리가 만나는 은행나무는 대개 가로수이거나 조경 등 관상수로 심겨져 있다. 인간에 의해 여기저기 이식되는 은행나무도 본향을 잃어버리고 떠도는 존재가 되었다. 특히 가로수로 심겨져 있는 은행나무는 매연 때문에 제대로 성장을 못하고 열매를 맺은 채 병들어가는 나무도 있다. 시인이 본 은행나무의 모습도 건강한 모습이 아니다. "지나가는 새 한 마리 앉힐 수 없"는 은행나무다. 인간들이나 나무들이나 도시 공간 속에서 뿌리 내리고 살아가는 일이 만만치가 않다. 이성복시인의 시 「그날」의 마지막 행, "모두 병들었지만 아무도 아프지 않았다"는 구절처럼 지금도 우리는 문명이라는 수레바퀴 아래 병약한 모습으로 평범하게 살아가고 있다. 시인은 우리가 가까이서 만나는 은행나무 비유를 통해서 현대인들의 자화상을 날카롭게 진단하고 있다.

이로써 우리는 임내영 시인의 시세계를 살펴보았다. 시인은 자서에서 "황금알을 차곡차곡 낳는 것처럼 고통을 감내하며 시를 낳아야 한다."라고 스스로에게 다짐을 한다. 이 자기검열적인 발언을 보더라도 구도적(求道的)인 자세가 시의 본질에 육박하는 동력으로 작용하고 있음을 확인하게 되었다. 이번 시집을 디딤돌 삼아 시의 심연에 이르는 경주가 꾸준하게 지속되기를 바란다.